AF467259

LES

PRINCIPES

DE 89

PAR

MAURICE JOLY

AVOCAT

> En France, où l'on invoque sans cesse les principes de 1789, on ne connaît ni les principes de 1789, ni la législation sous l'empire de laquelle on vit.

PARIS

E. DENTU, LIBRAIRE-ÉDITEUR

GALERIE D'ORLÉANS, 17 ET 19 (PALAIS-ROYAL)

1865

On ne trouvera ici que quelques pages, mais elles valent probablement tous les volumes qui se sont écrits depuis douze ans sur la politique intérieure de la France.

Ce qu'on va lire n'est pas autre chose qu'une nomenclature des lois et décrets promulgués depuis le 2 décembre 1851, et classés d'après les principes de 1789, proclamés sous les auspices du coup d'État, comme la base du droit public des Français.

Rien n'est plus instructif que cette confrontation de la législation contemporaine avec les principes qui lui servent de fondement.

Et l'on invoque les principes de 89 !

Et l'on gouverne au nom des principes de 89!

Et l'on administre au nom des principes de 89!

Et l'on censure au nom des principes de 89!

Heureusement depuis plusieurs années, *le sens des mots a changé.* Il a changé même dans le langage de la tribune et de la presse.

Cette constatation en quelque sorte matérielle de la législation en regard des principes ne serait pas sans profit, si une voix isolée pouvait se faire entendre, et si le silence de la presse, en pareil cas, n'était pas à peu près certain.

Mais qu'importe! l'avenir appartient à la vérité et il faudra bientôt se décider à appeler les choses par leur nom.

Paris, le 2 février 1865.

« *La Constitution* RECONNAIT, CONFIRME *et* GARANTIT *les grands principes proclamés en* 1789, *et qui sont la base du droit public des Français.* »
(*Constitution du* 14 *janvier* 1852, *art.* 1.)

PRINCIPES DE 1789.

CHAPITRE PREMIER.

I.

Le peuple français est souverain.

Le peuple français n'exerce d'une manière permanente aucune fonction de la souverainetó.

Il fait acte de souveraineté une fois en nommant le prince.

(*Plébiscite des* 21 *et* 22 *novembre* 1852.)

Le pouvoir est monarchique et héréditaire.

A défaut de descendants, il se transmet par voie d'adoption.

A défaut d'héritier adoptif, il se transmet en ligne collatérale.

A défaut de successeurs en ligne collatérale, un *sénatus-consulte* proposé au Sénat par les *ministres formés en conseil de Gouvernement* avec l'adjonction des *présidents* du Sénat, du Corps législatif et du conseil d'État, et soumis à l'acceptation du peuple, nomme le souverain.

Institution du conseil privé.

(*Sénatus-consulte du* 7 *novembre* 1852, *art.* 1, 2, 3, 4, 5. — *Plébiscite des* 21 *et* 22 *novembre* 1852, *art.* 1, 2. — *Décret organique du* 18 *décembre* 1852. — *Décret du* 1er *février* 1858.)

II.

Le pouvoir constituant lui appartient.

La Constitution est faite par le prince et soumise à l'acceptation du peuple sans discussion.

(*Proclamation du* 2 *décembre* 1851. *Vote des* 21 *et* 22 *décembre* 1852. — *Constitution du* 14 *janvier* 1852.)

Le Sénat, nommé par le prince, règle par un sénatus-consulte tout ce *qui n'a pas été prévu par la Constitution* et est nécessaire à sa marche.

Il fixe le sens des articles de la Constitution qui donnent lieu à *différentes interprétations*.

(*Constitution du* 14 *janvier* 1852, *art.* 23, 27. — *Sénatus-consulte du* 25 *décembre* 1852, *art.* 10.)

III.

Il se gouverne lui-même (*self government*).

Le chef de l'État gouverne au moyen des ministres, du conseil d'État et du Corps législatif.

(*Constitution du* 14 *janvier* 1852, *art.* 3.)

Il nomme le conseil d'État, le Sénat, les présidents et vice-présidents du Corps législatif.

(*Sénatus-consulte du* 25 *décembre* 1852, *art.* 10. — *Constitution du* 14 *janvier* 1852, *art.* 43, 48.)

Il n'y a point de solidarité entre les ministres.

Ils dépendent du pouvoir exécutif seul. Ils ne peuvent être mis en accusation que par le Sénat.

(*Constitution du* 14 *janvier* 1852, *art.* 13.)

IV.

Il s'administre lui-même ou par ses représentants.

Centralisation administrative.

L'administration générale du pays est confiée à des ministres, agents directs nommés par le Gouvernement ;

L'administration départementale à des préfets, agents directs nommés par le Gouvernement ;

L'administration municipale à des maires, agents directs nommés par le Gouvernement.

CHAPITRE II.

« *La Constitution* RECONNAÎT, CONFIRME *et* GARANTIT *les grands principes proclamés en* 1789 *et qui sont la base du droit public des Français.* »

PRINCIPES DE 1789.

I.

Inviolabilité nationale.

Le chef de l'État a toujours le droit de faire appel au peuple.

(*Constitution du 14 janvier* 1852, *art.* 5.)

Il a le droit de déclarer l'état de siége dans un ou plusieurs départements, sauf à en référer au *Sénat* dans le plus bref délai.

(*Constitution du 14 janvier* 1852, *art.* 12.)

En cas de dissolution du Corps législatif et jusqu'à une nouvelle convocation, *le Sénat, sur la proposition du chef de l'État, pourvoit par des mesures d'urgence* à la marche du Gouvernement.

(*Constitution du 14 janvier* 1852, *art.* 33.)

La garde militaire du Sénat et du Corps législatif est sous les ordres du *ministre de la guerre* qui s'entend à ce sujet avec le président du Sénat et le président du Corps législatif.

(*Décret réglementaire du* 18 *décembre* 1852, *art.* 86.)

Institution du conseil privé.

(*Décret du* 1er *février* 1858, *art.* 1, 2.)

II.

Séparation du pouvoir exécutif et du pouvoir législatif.

Le pouvoir exécutif a seul l'initiative des lois.

(*Constitution du* 14 *janvier* 1852, *art.* 8.)

Il propose des sénatus-consultes qui sont lois de l'État.

(*Décret réglementaire du* 22 *mars* 1852, *art.* 16, 17.)

Il rend des décrets qui ont force de lois.

(*V. les décrets de* 1852.)

Il fait des règlements pour l'exécution des lois.

(*Constitution du* 14 *janvier* 1852, *art.* 6.)

III.

Séparation du pouvoir exécutif et du pouvoir judiciaire.

Le pouvoir exécutif rend des jugements en conseil d'État sur les différends entre l'État et les citoyens.

Les tribunaux doivent, sans distinction, refuser de juger, quand ils se trouvent en présence d'un acte du pouvoir exécutif ou de l'autorité administrative, et renvoyer les parties devant le conseil d'État.

Le conseil d'État dessaisit les tribunaux ordinaires et s'approprie le litige en cas de conflits d'attributions.

(*Décret du* 25 *janvier* 1852, *art.* 1er.)

En matière de presse et de société secrète, le pouvoir exécutif réprime par voie administrative.

(*Décret org. Presse,* 17 *février* 1852. — *Décret du* 8 *décembre* 1851.)

Une haute cour de justice juge sans appel ni recours en cassation, toutes les personnes qui sont renvoyées devant elle comme prévenues de crimes, attentats contre le chef de l'État et contre la sûreté intérieure ou extérieure de l'État.

Cette haute cour ne peut être saisie qu'en vertu d'un décret du pouvoir exécutif.

(*Constitution du* 14 *janvier* 1852, *art.* 54.)

IV.

Vote de l'impôt et contrôle des dépenses publiques par le pouvoir législatif.

Dans des cas exceptionnels il peut être pourvu à la fixation du budget par voie de décret.

(*Rapport au Président. Budget de* 1852.)

Le budget des dépenses est présenté au Corps législatif avec ses subdivisions administratives, par chapitres et par articles.

Il est voté par ministère.

(*Sénatus-consulte du* 25 *décembre* 1852.)

Le budget des recettes et celui des dépenses sont votés en une seule loi.

La liste civile du souverain et de sa famille est fixée par un *sénatus-consulte.*

(*Sénatus-consulte du* 12 *décembre* 1852, *art.* 1, 23 *et suiv.*)

Des charges grevant une propriété spéciale (les journaux) peuvent être imposées par décret.

(*Décrets du* 17 *févr*. 1852, *art*. 6 *et suiv*. — *Timbre et cautionnement*.)

Tous les travaux d'utilité publique, notamment ceux désignés par l'article 10 de la loi du 21 avril 1832 et l'article 3 de la loi du 31 mai 1841, *toutes les entreprises d'intérêt général* sont ordonnées ou autorisées par *décrets* du souverain.

(*Sénatus-consulte du* 25 *décembre* 1852, *art*. 4.)

V.

Gratuité du mandat représentatif.

Une dotation annuelle et viagère de trente mille francs est affectée à la dignité de sénateur.

Les députés reçoivent une indemnité de deux mille cinq cents francs par mois pendant la durée de la session.

(*Constitution du* 14 *janvier* 1852, *art*. 22, 23, 37. — *Sénatus-consulte du* 25 *décembre* 1852, *art*. 11, 14, 17.)

VI.

Interdiction du cumul.

Un maréchal à.................	40,000 fr.
Est sénateur à.................	30,000 »
Membre du conseil privé à........	100,000 »
Grand officier de la couronne à....	25,000 »
Total..........	195,000 fr.

(*V. le Budget annuel*. — *Décret du* 24 *mai* 1852, *art*. 3.)

CHAPITRE III.

« *La Constitution* RECONNAÎT, CONFIRME *et* GARANTIT *les grands principes proclamés en* 1789, *et qui sont la base du droit public des Français.* »

(*Constitution du* 14 *janvier* 1852, *art.* 1.)

PRINCIPES DE 1789.

I.

Inviolabilité de la propriété.

Décret portant que les membres de la famille d'Orléans seront tenus de vendre tous les biens qui leur appartiennent en France.

(*Décret du* 22 *janvier* 1852.)

Décret qui *restitue* au domaine de l'État les biens meubles et immeubles qui font l'objet de la donation faite le 7 août 1830 par le roi Louis-Philippe.

(*Décret du* 22 *janvier* 1852.)

Des biens de l'État peuvent être vendus en vertu d'un simple décret.

(*Décret du* 27 *mars* 1852, *art.* 1, 5.)

Un journal est une propriété qui ne peut se transmettre valablement sans l'autorisation administrative.

Cette propriété peut être supprimée par voie administrative.

(*Décret du* 17 *février* 1852, *art.* 1, 20, 32.)

Une compagnie anonyme peut être mise sous séquestre en vertu d'un décret.

(Moniteur, *du* 24 *décembre* 1864, 5 *janvier* 1865. *Chemin de fer de la Croix-Rousse et banque de Savoie.*)

Les tribunaux doivent, *sans exception*, refuser de juger quand ils sont en présence d'un acte du pouvoir exécutif.

II.

Liberté individuelle.

La chambre du conseil, primitivement chargée de statuer sur l'arrestation des particuliers, a été remplacée par *un magistrat unique*, le juge d'instruction.

Le juge civil et criminel peut être en même temps juge d'instruction.

(*Décret du* 1er *mars* 1852, *art.* 1.)

Les mesures de sûreté générale (internement soit en France, soit en Algérie) peuvent s'appliquer aux catégories d'individus suivantes :

1° A ceux qui SERONT condamnés par les articles 86 à 101, 153, 154, § 1er, 209 à 211, 213 à 221 du Code pénal ;

2° A ceux qui *seront* condamnés par les articles 3, 5, 6, 7, 8 et 9 de la loi du 24 mai 1834 sur les armes et munitions de guerre ;

3° A ceux qui *seront* condamnés par la loi du 7 juin 1848 sur les attroupements ;

4° A ceux qui *seront* condamnés par les articles 1 et 2 de la loi du 27 juillet 1849 ;

5° A ceux qui *auront été* soit condamnés, soit expulsés ou transportés par mesure de sûreté générale à l'occasion des événements de juin 1849 ou de décembre 1851, *et que des faits graves signaleraient de nouveau comme dangereux pour la sûreté publique.*

(*Loi du* 7 *février* 1858, *art.* 5, 6, 7.)

Toute personne reconnue coupable d'avoir fait partie d'une société secrète peut être transportée dans une colonie pénitentiaire, en Algérie ou à Cayenne, *par mesure administrative.*

(*Décret du* 8 *décembre* 1851, *art.* 1, 2.)

Organisation des commissaires de police cantonaux et départementaux.

(*Décret du* 28 *mars* 1852, *art.* 1, 2, 3 *et* 5. — *Décret du* 5 *mars* 1853, *art.* 1, 2, 3 *et* 5.)

III.

Responsabilité des fonctionnaires publics.

Les ministres ne peuvent être mis en accusation que par le Sénat.

(*Constitution du* 14 *janvier.*)

Les fonctionnaires et agents du gouvernement ne peuvent être poursuivis à raison de leurs fonctions, ni en matière criminelle, ni en matière civile, sans l'autorisation du Gouvernement.

(*Art.* 75 *de la constitution de l'an VIII.*)

La preuve de la réalité des faits diffamatoires contre les fonctionnaires publics, pour faits relatifs à leurs fonctions, n'est plus admise.

(*Décret du* 17 *février* 1852, *art.* 28.)

Les procès-verbaux dressés par les brigadiers de

gendarmerie et les gendarmes sont dispensés de l'affirmation.

(*Loi du* 17 *juillet* 1856, *art.* 1.)

IV.

Inviolabilité du secret des lettres.[1]

Les préfets dans les départements *et le préfet de police à Paris* sont investis, *même hors le cas de flagrant délit,* du droit de faire ou de requérir, tant au domicile des prévenus que partout ailleurs, et même dans les *bureaux de poste*, les perquisitions et saisies qu'ils jugent nécessaires pour la découverte des crimes et délits.

(*Cass.*, 21 *novembre* 1853 (*aff. Coetlogon*), §§ V, 53, 1. 774.)

CHAPITRE IV.

« *La Constitution* RECONNAIT, CONFIRME *et* GARANTIT *les grands principes proclamés en* 1789, *et qui sont la base du droit public des Français.* »

(*Constitution du* 14 *janvier* 1852, *art.* 1.)

PRINCIPES DE 1789.

I.

[Inamovibilité des juges.

A un certain âge, les juges sont mis à la retraite.

(*Décret du* 1er *mars* 1852.)

II.

Proportionnalité des peines.

Toute publication de journal ou écrit périodique sans autorisation préalable, sans *cautionnement*, ou sans que le cautionnement SOIT COMPLÉTÉ, sera punie d'une amende de 100 à 2,000 francs par chaque numéro ou livraison publiés en contravention, et d'un *emprisonnement d'un mois à deux ans*. Celui qui aura publié le journal ou écrit périodique et l'*imprimeur* seront solidairement responsables.

(*Décret organique sur la Presse, du* 17 *février* 1852.)

Deux condamnations pour délits ou contraventions, commis dans l'espace de deux années, entraînent de plein droit la suppression du journal dont les gérants ont été condamnés. — Après une condamnation prononcée pour contravention ou délit de presse contre le gérant responsable d'un journal, le Gouvernement a la faculté, pendant les deux mois qui suivent cette condamnation, de prononcer soit une suspension temporaire, soit la suppression du journal. — Un journal peut être suspendu par *décision ministérielle, alors même qu'il n'a été l'objet d'aucune condamnation*, mais après deux avertissements motivés, et pendant un temps qui ne pourra excéder deux mois. — Un journal peut être *supprimé*, soit après une suspension judiciaire ou administrative, soit *par mesure de sûreté générale*, mais par un décret spécial du chef de l'État, publié au Bulletin des lois.

(*Décret du* 17 *février* 1852, *art.* 32.)

Le fait d'avoir été affilié à une société secrète peut entraîner la *transportation*. Les individus transportés sont privés de leurs droits civils et politiques. *Ils seront soumis à la juridiction militaire, les lois militaires leur seront applicables.*

(*Décret du* 8 *décembre* 1851, *art.* 1, 2, 7.)

Une simple condamnation pour *contravention* (le colportage, même quand il n'a été qu'un fait accidentel) rend passible de l'internement dans un des départements de l'Empire ou en Algérie.

(*Décret du* 27 *février* 1852, *art.* 1, 2, 3, 4, 5, 6.)

Toute contravention à un arrêté d'interdiction (Interdiction de séjour dans le département de la Seine ou l'agglomération lyonnaise aux vagabonds, mendiants et gens sans moyens d'existence), sera punie d'un emprisonnement de huit jours à un mois.

Le tribunal pourra en outre placer le condamné sous la *surveillance de la haute police* pendant un an au moins, et cinq ans au plus.

En cas de récidive, la peine *sera de deux mois à deux ans d'emprisonnement*, et le condamné sera *placé sous la surveillance de la haute police pendant un an au moins et cinq ans au plus.*

(*Loi du* 9 *juin* 1852, *art.* 3.)

III.

Non-rétroactivité des lois.

Le fait d'avoir été affilié à une société secrète *antérieurement* au décret du 8 décembre 1851, qui interdit les sociétés secrètes, peut entraîner la transportation par mesure de sûreté générale dans une colonie pénitentiaire, à Cayenne ou en Algérie.

(*Décret du* 8 *décembre* 1851, *art.* 1, 2.)

IV.

Le même fait ne peut être puni deux fois
(*non bis in idem*).

Peut être interné dans un des départements de l'Empire ou de l'Algérie ou expulsé du territoire tout individu qui a été, *soit condamné, soit interné, expulsé ou transporté par mesure de sûreté générale*, à l'occasion des événements de mai et juin 1848, de juin 1849 ou de décembre 1851, et que des faits graves signaleraient comme dangereux pour la sûreté publique.

(*Décret du* 27 *février* 1852, *art.* 7.)

V.

Détermination précise des faits punissables dans les dispositions pénales.

Est puni d'un emprisonnement de deux ans à cinq ans et d'une amende de 500 francs à 10,000 francs, tout individu qui *a provoqué d'une manière* QUELCONQUE aux crimes prévus par les articles 86 et 87 du Code pénal (attentat contre le chef de l'État ou les membres de sa famille), lorsque cette provocation n'aura pas été suivie d'effet.

(*Loi du* 27 *février* 1858, *art.* 1. — *Code pénal, art.* 86, 87.)

« Est puni d'un emprisonnement d'un mois à deux ans et d'un amende de 100 francs à 2,000 francs, tout individu qui DANS LE BUT *de troubler la paix publique ou d'*EXCITER *à la haine ou au mépris du gouvernement, a pratiqué des manœuvres ou entretenu* DES INTELLIGENCES, *soit à l'intérieur, soit à l'étranger.* »

(*Loi du* 27 *février* 1858, *art.* 2.)

CHAPITRE V.

« *La Constitution* RECONNAIT, CONFIRME *et* GARANTIT *les grands principes proclamés en* 1789, *et qui sont la base du droit public des Français.* »

PRINCIPES DE 1789.

I.

Publicité des débats politiques et judiciaires.

Les séances du Sénat ne sont pas publiques.

(*Constitution du* 14 *janvier* 1852, *art.* 24.)

Il est interdit de rendre compte des séances du Sénat.

Il est interdit de rendre compte des séances du Corps législatif.

Il est interdit de rendre compte des séances non publiques du conseil d'État.

Dans toutes les affaires civiles, correctionnelles ou criminelles, les cours et tribunaux pourront interdire le compte rendu des procès.

(*Constitution du* 14 *janvier* 1852, *art.* 12. — *Décret du* 17 *février* 1852, *art.* 16, 17.)

II.

Liberté de la Presse.

On ne peut ni fonder, ni acheter, ni diriger un journal, traitant de matières politiques ou d'économie sociale sans l'autorisation du Gouvernement. Le personnel même de la rédaction ou de la gérance ne peut être modifié sans l'autorisation préalable du Gouvernement.

Les journaux politiques publiés à l'étranger ne peuvent circuler en France qu'en vertu de l'autorisation du Gouvernement.

Il est interdit de rendre compte des séances du Sénat, du Corps législatif et des procès de presse.

La publication ou reproduction de fausses nouvelles, même sans mauvaise foi, est passible d'une peine.

Les imprimeurs, éditeurs et libraires ne peuvent exercer l'une quelconque de ces industries que moyennant un brevet qui leur est délivré par le *Préfet de police!* — Ils sont assermentés.

En matière de presse, le jury est aboli. Il est remplacé par la juridiction correctionnelle et la répression administrative.

Deux condamnations pour délits ou contraventions, commis dans l'espace de deux années, entraînent de plein droit la suppression du journal dont les gérants ont été condamnés.

Après une condamnation prononcée pour contravention ou délit de presse contre le gérant responsable d'un journal, le Gouvernement a la faculté, pendant les deux mois qui suivent cette condamnation, de prononcer soit *une suppression temporaire, soit la suppression du journal.*

Un journal peut être suspendu par *décision ministérielle*, alors même qu'il n'a été l'objet d'aucune condamnation, mais après deux avertissements motivés, et pendant un temps qui ne pourra excéder deux mois.

Un journal peut être supprimé, soit après une décision judiciaire ou administrative, soit *par mesure de sûreté générale*, mais par un décret spécial inséré au Bulletin des lois.

Poids du timbre et du cautionnement pour les écrits périodiques traitant de matières politiques, et du timbre pour les écrits non périodiques (1).

(*Loi du* 21 *octobre* 1814, *art.* 11. — *Décret organique du* 27 *février* 1852, *art.* 1, 2, 3, 4, 5, 6, 14, 15, 16, 17, 21, 24, 25, 32. — *Décret du* 22 *mars* 1852, *art.* 1.)

III.

Liberté de réunion.

On ne peut se réunir publiquement plus de vingt personnes, pour quelque objet que ce soit, sans une autorisation du Gouvernement.

(*Art.* 291, 292 *et suivants du Code pénal.* — *Loi du* 10 *avril* 1834, *art.* 1, 2 *et suivants.* — *Décret du* 25 *avril* 1852, *art.* 1, 2.)

(1) Exemple : Cette brochure de deux feuilles, coûte 60 fr. de frais d'impression ; elle coûte 50 fr. de timbre.

IV.

Liberté d'association.

Aucune association politique, littéraire ou religieuse, de plus de vingt personnes, se réunissant périodiquement, ne peut se former qu'avec l'autorisation du Gouvernement, et sous les conditions qu'il plaît à l'autorité publique d'imposer à la société.

(*Code pénal, art.* 291, 292 *et suivants.* — *Loi du* 10 *avril* 1834, *art.* 1 *et* 2.)

V.

Liberté de la parole.

Les associations de plus de vingt personnes en matière politique sont interdites.

Les réunions publiques de plus de vingt personnes sont interdites.

La presse est soumise à la juridiction correctionnelle et administrative.

La librairie et l'imprimerie sont soumises au régime de l'autorisation ou du brevet.

Les ouvrages dramatiques sont soumis, avant leur représentation, au régime de la censure préalable.

(*Code pénal, art.* 91, 92 *et suivants.* —*Loi du* 10 *avril* 1834, *art.* 1 *et* 2. —*Décret du* 25 *avril* 1852, *art.* 1 *et* 2. — *Décret du* 31 *décembre* 1851, *art.* 1 *et suivants.* — *Décret du* 17 *février* 1852, *art.* 32.— *Décret du* 30 *décembre* 1852, *art.* 1 *et* 2.)

CHAPITRE VI.

« *La Constitution* RECONNAÎT, CONFIRME *et* GARANTIT *les grands principes proclamés en* 1789, *et qui sont la base du droit public des Français.* »

(*Constitution du* 14 *janvier* 1852, *art.* 1.)

PRINCIPES DE 1789.

I.

Liberté de l'industrie.

La profession d'éditeur, d'imprimeur ou de libraire, ne peut s'exercer sans brevet, c'est-à-dire sans autorisation du Gouvernement.

On ne peut être rédacteur en chef ou gérant d'un journal politique sans l'autorisation du Gouvernement.

La propriété d'un journal politique ne peut être valablement transférée sans l'autorisation du Gouvernement.

(*Décret du* 5 *février* 1810, *art.* 5, 29. — *Loi du* 21 *octobre* 1811, *art.* 11. — *Décret du* 17 *février* 1852, *art.* 1, 24.)

II.

Égalité civique.

Rétablissement des anciens titres de noblesse.

Création de nouveaux nobles.

(*Décret du* 24-27 *janvier* 1852, *art.* 1. — *Décret du* 29 *février* 1848. — *Décret du* 8 *janvier* 1859.)

III.

Inamovibilité et indépendance du corps enseignant.

Le Gouvernement, sur la proposition du ministre de l'instruction publique, nomme et révoque les membres du conseil supérieur, les inspecteurs généraux, les recteurs, les professeurs des facultés, du Collége de France, du Muséum d'histoire naturelle, de l'École des langues orientales vivantes, les membres du Bureau des longitudes et de l'Observatoire de Paris et de Marseille, les administrateurs et conservateurs des bibliothèques publiques.

Le ministre, par délégation du souverain, nomme et révoque les professeurs de l'École nationale des chartes, les inspecteurs d'académie, les membres des conseils académiques qui procédaient précédemment de l'élection, les fonctionnaires et professeurs des écoles préparatoires de médecine et de pharmacie, les fonctionnaires et professeurs de l'enseignement secondaire public, les inspecteurs primaires, les employés des bibliothèques publiques, et généralement toutes les personnes attachées à des établissements d'instruction publique appartenant à l'État.

Il prononce directement et sans recours contre les membres de l'enseignement secondaire public :

La réprimande devant le conseil académique,

La censure devant le conseil supérieur,

La mutation,

La suspension des fonctions, avec ou sans privation totale ou partielle du traitement,

La révocation.

(*Décret du* 9 *mars* 1852, *art.* 1, 3.)

CHAPITRE VII.

« *La Constitution* RECONNAÎT, CONFIRME *et* GARANTIT *les grands principes proclamés en* 1789, *et qui sont la base du droit public des Français.* »

PRINCIPES DE 1789.

I.

Institution des gardes civiques (*garantie des droits*).

Primitivement dissoute ; la garde nationale n'est organisée que dans les localités où son concours est jugé nécessaire.

« Elle est dissoute et réorganisée suivant que les circonstances l'exigent. »

Le Gouvernement fixe pour chaque localité le nombre des gardes nationaux.

La garde nationale est placée sous l'autorité des maires, des sous-préfets, des préfets et du ministre de l'intérieur.

Le chef de l'État nomme les officiers de tous les grades sur la présentation du ministre de l'intérieur, d'après la proposition du commandant supérieur dans le département de la Seine, et d'après celles des préfets dans les autres départements.

(*Décret du* 11-22 *janvier* 1852. — *Préambule, art.* 2, 3, 4, 7.)

II.

Institution du jury (*garantie des droits*).

Sont enlevés au jury et poursuivis devant les tribunaux de police correctionnelle :

1° « Les délits commis par la voie de la presse ou tout autre moyen de publication mentionné dans l'article 1er de la loi du 17 mai 1819, et qui avaient été attribués par les lois antérieures à la compétence des cours d'assises ; »

2° « Les contraventions sur la presse prévues par les lois antérieures ; »

3° « Les délits et contraventions prévus par la présente loi. »

(*Loi du* 25 *février* 1852, *Presse.* — *Décret du* 31 *décembre* 1851-3 *janvier* 1852, *art.* 1 *et suivants.* — *Décret organique sur la Presse du* 17-23 *février* 1852, *art.* 25.)

III.

Droit de pétition (*garantie des droits*).

Le droit de pétition est mis dans les attributions du Sénat. Il n'en peut être adressé aucune au Corps législatif.

Le feuilleton des pétitions est toujours communiqué d'avance au ministre d'État.

Le vote du Sénat porte sur l'ordre du jour pur et simple, le dépôt au bureau des renseignements ou le renvoi au ministre compétent.

(*Constitution du* 14 *janvier* 1852, *art.* 29, 45. — *Décret réglementaire du* 22 *mars* 1852, *art.* 30.)

CHAPITRE VIII.

« *La Constitution* RECONNAÎT, CONFIRME *et* GARANTIT *les grands principes proclamés en* 1789, *et qui sont la base du droit public des Français.* »

PRINCIPES DE 1789.

I.

Liberté électorale.

Les candidats à la députation doivent prêter un serment préalable à l'élection et avant la prestation duquel la publication de la candidature ne peut avoir lieu sous peine d'emprisonnement.

Le Gouvernement a des candidats officiels qu'il propose aux électeurs, et pour la nomination desquels il fait concourir ses agents.

Les réunions publiques et les associations de plus de vingt personnes sont défendues même pendant la période électorale.

La loi de 1848 qui en matière de fraude électorale commise par des agents du Gouvernement dispensait de recourir à l'autorisation du conseil d'État a été déclarée implicitement abrogée par la cour de Cassation.

Le vote a lieu par commune. Chaque commune peut néanmoins être divisée par arrêté du préfet en autant de sections que le rend nécessaire le nombre des électeurs inscrits.

L'arrêté du préfet pourra fixer le siége des élections *hors du chef-lieu de la commune.*

Les réclamations en matière électorale ne sont pas jugées par les tribunaux ordinaires. Elles sont jugées par une commission composée, à Paris, du maire et de deux adjoints; partout ailleurs, du maire et deux membres du conseil municipal désignés par le conseil. L'appel est porté devant le juge de paix du canton.

Les listes électorales sont placées entre les mains du maire, agent du Gouvernement qui est chargé de les dresser. Il y opère les additions et retranchements prescrits par la loi, dans les formes et suivant le mode de publicité déterminés.

Le préfet peut provoquer l'annulation des opérations électorales, s'il juge que les formalités et les délais n'ont pas été observés.

Les colléges et sections de collége sont présidés par les maires, adjoints et, à leur défaut, par les membres des conseils municipaux.

(*Sénatus-consulte du* 17 *février* 1858, *art.* 1, 2. — *Décret organique du* 2 *février* 1852, *art.* 3, 13, 16, 20, 22. — *Décret réglementaire du* 2 *février* 1852, *art.* 1, 4, 13.)

II.

Indépendance de la représentation provinciale.

Les présidents, vice-présidents et secrétaires du conseil général sont nommés pour chaque session et choisis parmi les membres du conseil, par le chef de l'État pour les conseils généraux, et par le préfet pour les conseils d'arrondissement.

Les séances des conseils généraux ne sont pas publiques.

La dissolution des conseils généraux et des conseils d'arrondissement peut être prononcée par le pouvoir exécutif.

Les communes de Paris et de Lyon n'ont point de conseil général, ni de conseil municipal proprement dits, mais seulement une commission administrative, dont les membres sont nommés par le Gouvernement.

(*Décret du 7 juillet* 1852, *art.* 5, 6.) — *Décret du* 24 *mars* 1852, *art.* 2.)

III.

Autonomie de la commune.

Les maires et adjoints sont nommés par le pouvoir exécutif dans les chefs-lieux de département et d'arrondissement, et dans les communes de 3,000 habitants et au dessus.

Ils sont nommés par le préfet dans les autres communes.

Ils peuvent être *suspendus* par ordre du préfet.

Les adjoints peuvent être pris comme les maires en *dehors du conseil municipal.*

Les conseils municipaux peuvent être suspendus par le préfet. Ils peuvent être dissous par le pouvoir exécutif.

En cas de dissolution ou de suspension du conseil municipal, le préfet peut désigner, soit une commission qui remplira les fonctions du conseil municipal, soit des citoyens pour assister le maire dans les actes administratifs spéciaux et déterminés, pour lesquels les lois ou les règlements exigent le concours d'un ou de plusieurs conseillers municipaux.

(*Décret du 7 juillet* 1852, *art.* 7, 8, 9, 10.)

Conclusion.

En France, où l'on invoque sans cesse les principes de 89, on ne connaît ni les principes de 89 ni la législation sous l'empire de laquelle on vit.

FIN.

Paris. — Imprimerie Ad. R. Lainé et J. Havard, rue des Saints-Pères, 19

www.ingramcontent.com/pod-product-compliance
Ingram Content Group UK Ltd.
Pitfield, Milton Keynes, MK11 3LW, UK
UKHW020417220726
13923UKWH00005B/2014